Vorwort

Die Low-Carb-Ernährung hat viele Vorteile, aber es ist nicht ganz unkompliziert, geeignetes Brot, Kuchen oder sonstiges Gebäck herzustellen.

Dieses Buch enthält zahlreiche Rezepte zu genau diesem Thema.

Die angegebenen Nährwerte sind natürlich nur als Richtwerte zu verstehen, da die tatsächlichen Nährwerte der verwendeten Lebensmittel z.B. von Hersteller zu Hersteller stark variieren.

Inhalt

Quark-Körnerbrot

Zutaten

150 g Magerquark
4 Eier
50 g gemahlene Mandeln
50 g geschroteter Leinsamen
2 EL Weizenkleie
1/2 Päckchen Backpulver
1/2 TL Salz
1 EL Sonnenblumenkerne zum Bestreuen

Zubereitung

Ofen auf 150°C vorheizen
Alle Zutaten vermischen
Kleine Kastenform mit Backpapier auslegen
Teig hinein geben und glatt streichen
Für 30-40 Minuten bei 150°C Umluft in den Ofen.

Nährwerte pro 100g Brot:

Kcal: 190 / KH 3,5g / Fett 10,8g / EW 15g

Walnuss-Brot

Zutaten

200 g Magerquark
4 Eier
50 g gemahlene Mandeln
100 g Walnüsse
50 g geschroteter Leinsamen
2 EL Weizenkleie
1/2 Päckchen Backpulver
1/2 TL Salz
1 EL Walnüsse zum Bestreuen

Zubereitung

Ofen auf 150°C vorheizen
Alle Zutaten vermischen
Kleine Kastenform mit Backpapier auslegen
Teig hinein geben und glatt streichen
Für 30-40 Minuten bei 150°C Umluft in den Ofen.

Nährwerte pro 100g Brot:

Kcal: 261 / KH 4,07g / Fett 18,9g / EW 14,84g

Haferkleie-Brot

Zutaten

360 g Haferkleie, fein gemahlen
100 g Gluten
1 Päckchen Hefe
50g Magerquark
1 EL Olivenöl
1/2 TL Zucker
1/2 TL Salz
1/2 TL Brotgewürz
380 ml lauwarmes Wasser

Zubereitung

Alle Zutaten vermischen und zu einem Teig verkneten. Eine Stunde abgedeckt gehen lassen. Dann in eine mit Backpapier ausgelegte Kastenform geben und eine Stunde bei 175° Ober-Unterhitze backen.

Nährwerte pro 100g Brot:

Kcal: 178 / KH 19,7g / Fett 3,72g / EW 16,39g

Kräuter-Brot

Zutaten

4 große Eier, getrennt
1 EL Honig
1 TL Salz
1 TL Herbes de Provence
etwas gemahlene Muskatblüte (oder Muskatnuss)
2 EL Weißweinessig
4 EL Olivenöl
200 g gemahlene, ungeschälte Mandeln
$\frac{1}{2}$ TL Natron

Zubereitung

Das Eiweiß wird mit dem Salz zu festem Schnee geschlagen. Nun sind Eigelb und Honig in einer weiteren Schüssel an der Reihe, dorthinein gebe ich auch die Kräuter und verrühre alles. Es sollte eine luftige, hellgelbe Masse entstanden sein, der ich Löffel für Löffel Essig und Olivenöl hinzufüge. Unter diese Creme ziehe ich zunächst das Eiweiß, dann die mit Natron vermischten Mandeln auf einmal obendrauf. Ich nehme dazu einen großen Schneebesen. Alles mit Gefühl vermischen und dann in eine mit Backpapier ausgelegte Kastenform geben. Obendrauf kommen noch ein paar Kräuter und dann wird alles mit einem Stofftuch abgedeckt. 20 Minuten sollte der Teig nicht geöffnet werden, damit nichts zusammenfällt und der Ofen sollte auch vorgeheizt sein. 160° C, 1 Stunde Ober und Wenn das Brot lecker hellbraun aussieht, ist es fertig.

Nährwerte pro 100g Brot:

Kcal: 362 / KH 1,95g / Fett 30,35g / EW 16,9g

Baguette

Zutaten

150 g Mandelmehl
30 g Flohsamenschalen
0,5 TL Salz
2 TL Backpulver
2 Eiweiß
250 ml kochendes Wasser

Zubereitung

Ofen auf 175°C vorheizen. Trockene Zutaten mit dem Handmixer mischen, damit sich die Mehlklumpen schon mal lösen. Eiweiß unterrühren bis ein bröseliger Teig entsteht.
Das Wasser zugeben und mit dem Handmixer gut mischen. Den Teig entweder zu 5 Minibaguettes (a 100 g) oder einem großen Baguette formen. Ca. 65 min backen.

Nährwerte pro 100g Brot:

Kcal: 241 / KH 1,53g / Fett 20,25g / EW 10,33g

Zwieback

Zutaten

250 g gemahlene geschälte Mandeln
100g Joghurt
3 Eier
1/2 TL Salz
1 TL Weinsteinbackpulver
50 g geschmolzene Butter
Süßstoff

Zubereitung

Mandeln, Salz und Backpulver vermischen.
Butter, Eier und Joghurt zur geschmeidigen
Masse verrühren.
Beide Massen vermischen und in eine gut
gefettet Kastenform geben.
Bei 175°C etwa 60 min Backen.
"Kuchen" aus der Form nehmen und etwas
abkühlen lassen.
Dann in ca. 1 cm dicke Scheiben schneiden und
nochmals 90min bei 100°C backen.

Nährwerte pro 100g Brot:

Kcal: 386 / KH 3,2g / Fett 36,56g / EW 16,46g

Knusprige Brötchen

Zutaten

1½ Würfel Backhefe
25 g Gold-Leinsamen, sehr fein gemahlen
25 g Mohn, nicht gemahlen
25 g Sesam, nicht gemahlen
65 g blanchierte Mandeln, sehr fein gemahlen
(können auch nicht blanchiert sein, dann sieht das
Ergebnis halt dunkler aus)
25 g Haferkleie
170 g Gluten
2½ EL Hefeflocken ½ EL Dinkel-Sauerteigextrakt
(gibt´s auch im Bioladen)
1½ EL Walnussöl oder anderes Öl
½ gut gehäufter TL Brotgewürz
1 gestrichener TL Salz
175 ml warmes Wasser (nicht über 35°C)
1 TL Maggi Ersatz (Billigprodukt)
1 Ei

Zubereitung

Wasser, Maggiersatz und Öl in einem Messbecher mischen, Hefe kleinbröckeln und zugeben, sie muss sich komplett auflösen.

Trockene Zutaten mischen, Ei und Flüssigkeit dazugeben und mit Knethaken 5 Minuten kontinuierlich durchkneten.
Aus dem Teig mit leicht angefeuchteten Händen 10 Brötchen formen und mit etwas Abstand auf ein mit Backpapier ausgelegtes Backblech legen.
Für den typischen Schlitz mit einer Schere oben einschneiden (ruhig ordentlich, umso mehr Kruste bildet sich)
Im nicht vorgeheizten Ofen 40 Minuten bei 160° Umluft backen

Nährwerte pro 100g Brot:

Kcal: 220 / KH 5,29g / Fett 8g / EW 31,45g

Toast-Brötchen aus der Mikrowelle

Zutaten

1 grosses Ei
45 g Quark
20 g Haferkleie fein gemahlen
1 TL Weinstein-Backpulver
Salz nach Belieben

Zubereitung

Alle Zutaten in einer Mikrowellen-tauglichen Schüssel (ca. 12 cm Durchmesser) verrühren, 10 Minuten quellen lassen und dann bei 800 Watt zugedeckt erst 3 Minuten in der Mikro garen. Dann Schüssel herausnehmen, Brötchen umdrehen und offen noch einmal 1 Minute in die Mikro. Auf einem Gitter auskühlen lassen. Bei Bedarf aufschneiden und im Toaster noch einmal toasten.

Nährwerte pro 100g Brötchen:

Kcal: 152 / KH 8,3g / Fett 12,4g / EW 3,2g

Müsli-Tassen Brötchen

Zutaten

30 g Gluten (2 EL)
30 g Leinsamen gold
1 Ei
3-4 EL Wasser
Salz
Brotgewürz
½ TL Backpulver

Zubereitung

Alles miteinander verrühren und die Müslitassen
zu 1/3 füllen.
ca. 2 Min in die Mikrowelle (je nach Mikrowelle
etwas mehr)
aus den Tassen nehmen und etwas auskühlen
lassen.

Nährwerte pro 100g Brötchen:

Kcal: 199 / KH 1,6g / Fett 10g / EW 24,53g

Knäckebrot aus der Mikrowelle

Zutaten

2 Eßlöffel gemahlenen Leinsamen
2 Eßlöffel geschroteten oder ganzen Leinsamen
1 Ei
Salz

Zubereitung

Alles gut verrühren und in eine kleine runde
Silikonbackform streichen.
Ca. 5 Minuten in die in die Mikrowelle geben
(1000 Watt). Fertig.

Nährwerte pro 100g Brot:

Kcal: 157 / KH 0,3g / Fett 11,9g / EW 11g

Käsebrötchen

Zutaten

3 Eier (ca. 165g)
50 g Emmentaler, gerieben
50 g Kräuter Frischkäse
30 g Sonnenblumenkerne
30 g Proteinpulver neutral
1 TL Backpulver
Salz

Zubereitung

Die Eier trennen und das Eigelb mit Käse, Frischkäse, Sonnenblumenkernen und Proteinpulver zu einer homogenen Masse vermengen.

Das Eiweiß mit einer Prise Salz und dem Backpulver sehr steif schlagen. Den Eischnee vorsichtig unter die Käsemasse heben, nicht rühren!

6 Häufchen davon auf ein mit Backpapier ausgelegtes Backblech geben. Die Kleckse sollten eher hoch sein als breit, damit die Brötchenform entsteht.

Das ganze bei ca. 140° Ober-/ Unterhitze in den vorgeheizten Backofen schieben und 40 Minuten backen lassen.

Nährwerte pro 100 g:

Kcal: 275 / KH 3,2 g / Fett 21 g / EW 24 g

Parmesan Oopsies

Zutaten

30 g Parmesan frisch gerieben
Kräuter de Provence
1 EL Leinsamen
Kräutersalz
3 Eier
100 g Frischkäse
1 TL Guarkernmehl

Zubereitung

Die Eier trennen und das Eiweiß steif schlagen.
Die restlichen Zutaten, außer dem Parmesan,
zusammen verrühren und das steif geschlagene
Eiweiß vorsichtig unterheben.
Die Masse entweder ganz auf ein mit Backpapier
ausgelegtes Backblech gießen oder als einzelne
kleine Portionen.
Auf 150 Grad ca. 18 Minuten backen.
Wenn die Masse beginnt, sich auszuhärten, diese
mit Parmesan bestreuen und weiter backen lassen
bis alles goldbraun ist.

Nährwerte pro 100g Brot:

Kcal: 236 / KH 1,39g / Fett 19,54g / EW 14,2g

Eiweiss-Brötchen

Zutaten

250 g Magerquark
3 Eier
50 g Leinsamen geschrotet
1 1/2 Päckchen Backpulver
Salz

Zubereitung

Alles gut vermischen, Brötchen formen und 15 min bei 180 Grad backen.

Nährwerte pro 100g:

Kcal: 132 / KH 2,2 g / Fett 7,7 g / EW 13,8 g

Hamburger-Brötchen

Zutaten

10 g geschmolzene Butter
10 g Gluten
30 g Leinsamenmehl
1/2 Tl Backpulver
1 Ei
Prise Salz (ganz wenig)
1/2 Tl Brotgewürz

Zubereitung

Alles miteinander verrühren, in einer Schale glatt streichen und ein paar Sesamkörner darauf verteilen.

1,5 Minuten bei 900 Watt in die Mikro, abkühlen lassen, stürzen und noch auskühlen lassen. Nach dem Aufschneiden evtl. auch noch etwas trocknen lassen.

Nährwerte pro 100g:

Kcal: 30 / KH 1,0 g / Fett 16,4 g / EW 22,1 g

Tortillas

Zutaten

60 g Kokosmehl
2 TL gemahlene Flohsamenschalen
1/2 TL Salz
40 g geschmolzene Butter oder Öl
1 TL Backpulver
250 ml sehr heißes Wasser
Knoblauchpulver & Kräuter nach Geschmack

Zubereitung

Die trockenen Zutaten mit dem Rührgerät
mischen. Das Fett mit dem Wasser mischen, auf
einmal auf die trockene Masse gießen und auf
voller Geschwindigkeit, bis sich alles verbunden
hat, durchkneten (wieder mit dem Rührgerät).
Den fertigen Teig zu drei Kugeln aufteilen und
zwischen zwei Bögen Backpapier sehr dünn
ausrollen. Die ausgerollten Teige können auch
übereinander gelegt werden, sie kleben nicht.
Anschließend in einer beschichteten Pfanne, bei
mittlerer Hitze, ohne Zugabe von Öl, backen.
Mehrfach wenden, bis die gewünschte Bräunung
erreicht ist.

Nährwerte pro 100g:

Kcal: 319 / KH 1,2 g / Fett 17,4 g / EW 24,1 g

Schoko-Bananen-Pfannkuchen

Zutaten

1 Eiklar
50 g Haferflocken zart
3 TL Kakao
3 EL Milch (Soja)
30 g Proteinpulver Banane
etwas Xucker oder Süßstoff
1 EL Olivenöl oder anderes Öl

Zubereitung

Die Pfanne erhitzen.
Das Eiklar, Milch, Haferflocken, Protein-Pulver,
Xucker und Öl zu einer cremigen Masse mit dem
Handrührgerät mixen.
Mit der Hälfte der Masse einen kleinen
Pfannkuchen backen.
In die andere Hälfte der Teigmasse Kakao
dazugeben und gut verrühren.
Aus diesem Teig ebenfalls einen kleinen
Pfannkuchen backen.

Nährwerte pro 100g:

Kcal: 295 / KH 13 g / Fett 6,5 g / EW 12,5 g

Waffeln

Zutaten

250 g Quark
50 g Eiweißpulver (neutral)
50 g Gluten
2 EL Süßstoff
4 Eier
3 EL Öl
2 TL Backpulver
1 Fläschchen Butter-Vanille-Aroma

Zubereitung

Die Eier verquirlen, Öl, Aroma+ Süßstoff zugeben.
Den Quark zu den Eiern geben.
Das EW-Pulver, Gluten + Backpulver vermischen,
zu der Eier-Quark-Masse geben.
zwei gehäufte EL Teig auf ein gefettetes
Waffeleisen geben und abbacken.

Nährwerte pro 100g:

Kcal: 96 / KH 3,4 g / Fett 6,8 g / EW 24,6 g

Erdbeer-Kuchen

Zutaten

Biskuit:
80 g Butter
4 Eier
150 g blanchierte Mandeln
7 g Backpulver
100 ml Schlagsahne
1 Fl. Buttervanillearoma
12 g flüssige Süße

Belag:
250 g Erdbeeren
2 Blatt Gelatine

Zubereitung

Eier trennen, Eiweiß steif schlagen alle anderen
Zutaten zusammenmischen und dann vorsichtig
das Eiweiß unterheben. Tortenbodenform
einfetten und mit Mandeln oder Kokosmehl
ausstreuen. Im Ofen bei 180° ca. 35 min backen.
Boden auskühlen lassen und dann die Erdbeeren
drauf, Gelatine nach Anleitung herstellen und
drüber damit.

Nährwerte pro 100g:

Kcal: 207 / KH 5,9 g / Fett 23,9 g / EW 7,4 g

Quark-Bällchen

Zutaten

5 ml Feine flüssiger Süßstoff
70 g Speisequark 40% Fett
1 Ei
40 g Eiweißpulver neutral
2 Tropfen Backaroma Vanille
9 g Backpulver

Zubereitung

Alles gut vermischen, kleine Kugeln formen und bei mäßiger Hitze frittieren. Am besten erst eine Probekugel ins Fett und schauen ob die Kugel durch ist wenn sie braun ist. Dann hat es die richtige Temperatur.
Auf Küchenpapier abtropfen lassen

Nährwerte pro 100g:

Kcal: 209 / KH 3,9 g / Fett 22,3 g / EW 28,2 g

Macadamia-Brownies mit weisser Schokolade

Zutaten

2 Eier getrennt
80 g Mandelmehl
60 g Macadamia-Nüsse
55 g Butter
150 g Erythritol
1/2 TL Backpulver
1/2 TL Natron
1/2 Fläschchen Vanillearoma
1/2 Tl Guakernmehl
35 g weiße Schokolade

Zubereitung

Trennen Sie zunächst die Eier und schlagen das Eiweiß mit einem Handrührgerät zu Eischnee. Stellen Sie diesen zur Seite.

In der Zwischenzeit erhitzen Sie die Butter zusammen mit der Schokolade in einem Wasserbad. Nun geben Sie die zwei Eigelb zusammen mit dem Erythritol und dem Vanillearoma zu der Butter-Schokoladen-Mischung und verrühren das Ganze. Nach und nach geben Sie anschließend unter Rühren das Backpulver, Natron, Guakernmehl und Mandelmehl hinzu.

Heben Sie nun die Macadamia-Nüsse unter und geben anschließend den Eischnee vorsichtig hinzu, kurz umrühren und dann den Teig in eine Auflaufform geben und glatt streichen und bei 180 °C etwa 15 Minuten backen.

Nährwerte pro 100g:

Kcal: 346 / KH 3,6 g / Fett 21 g / EW 7,8 g

Mohnkuchen

Zutaten

3 Eier
100 g Sukrin
1 EL fl. Süßstoff
1 Röhrchen Rumaroma
gemahlene Vanille
250 g Magerquark
200 g gemahlener Mohn
25 g Kokosmehl
1 Tüte Backpulver
150 g geraspelte Zucchini

Zubereitung

Alles sorgfältig vermengen und in eine
Kastenform geben, bei 180° 45min backen.

Nährwerte pro 100g:

Kcal: 167 / KH 2,6 g / Fett 14,4 g / EW 11,5 g

Mohn-Käsekuchen

Zutaten

Für den Boden
100 g Haselnüsse gemahlen
10 g Eiweißpulver
45 g Butter kalt
Süsstoff nach Geschmack

Für die Mohnfüllung
60 ml Milch
25 g Butter
3 Tropfen Butter-Vanille Backaroma
125 g Mohn gemahlen
Süsstoff nach Geschmack

Für die Quarkmasse
250 g Quark mager
1 Ei
100 g Schmand
1 Teelöffel Stärke
2 Teelöffel Zitrone Fruchtsaft
Süsstoff

Zubereitung

Teig für den Boden:
Den Boden einer 20cm Springform mit
Backpapier auslegen. Die Haselnüsse mit dem
Eiweißpulver und den Süsstoff vermischen. Dann
die Butter hinzufügen und zu einem Teig kneten.
Den Teig mit den Händen auf dem Boden der
Springform flachdrücken bis er komplett
bedeckt ist.

Die Mohnmasse:
Mich, Butter, Aroma, Süßstoff in einem Topf auf
dem Herd aufkochen. Topf vom Herd nehmen und
den gem. Mohn dazugeben. Alles gut vermischen,
abdecken und bis zum nächsten Schritt stehen
lassen.

Die Quarkmasse:

Das Ei trennen. Das Eiklar mit einer Prise Salz zu einem steifen Schnee schlagen. Das Eigelb mit dem Quark, Schmand, Stärke und Süssstoff mit einem Handrührgerät zu einer cremigen Masse schlagen. Das steife Eischnee unterheben, so dass keine großen Eischnee-Nester bleiben. Jetzt die Mohnmasse gleichmäßig auf dem Nussboden verteilen. Dann die Quarkmasse darauf verstreichen.

Backen:

Gesamt 40-45 min. auf der unteren Schiene. Erst 30 Minuten bei 170°C dann die letzten 10 min bei 195°C zum Bräunen

Nährwerte pro 100g:

Kcal: 186 / KH 4,6 g / Fett 16,6 g / EW 13,5 g

Schoko-Kokos-Kuchen

Zutaten

100 g Butter
10 ml Süßstoff
3 kleine Ei(er)
30 g Whey (schoko)
1 Pck. Schokopudding Pulver
50 ml Kokosmilch
½ Pck. Backpulver
30 g Kakao
100 g Kokosraspel

Zubereitung

Die Butter mit Süßstoff und Eiern schaumig rühren. Schoko Whey und Puddingpulver unterrühren. Kokosmilch dazu, dann das Backpulver. Kakao und Kokosraspel nach und nach einrühren. Eine kleine Kastenform ausfetten und den Teig einfüllen. Ca. 30 Minuten bei 180°C backen.

Nährwerte pro 100g:

Kcal: 237 / KH 3,6 g / Fett 21,4 g / EW 14,8 g

Blaubeer-Käsekuchen

Zutaten

Für den Boden:
100 g gemahlene Mandeln
1 Ei
40 g weiche Butter
1 TL Backpulver
1 EL Xucker
Vermischen und in die Form geben.

Für den Belag:
200 g Frischkäse
100 g Quark
1 Ei
20 g Vanille-Pudding-Pulver
1-2 EL Xucker
20 ml Sahne

Zubereitung

Alles gut mixen. Eine Handvoll Heidelbeeren
unterheben. Alles im vorgeheizten Backofen bei
175 Grad etwa 30-40 Minuten backen.

Nährwerte pro 100g:

Kcal: 193 / KH 4,2 g / Fett 12,9 g / EW 17,5 g

Himbeer-Tarte

Zutaten

250 g frische Himbeeren
200 g Mandelmehl
100 g Erythrol
100 g Butter
100 ml Sahne
3 Eier
1 Vanilleschote
2 EL Himbeermarmelade

Zubereitung

Himbeeren kalt waschen und auf einem Küchentuch trocknen lassen.

Butter, Mehl und die Hälfte des Erythrols in eine Schüssel geben und vermengen. Den Teig in eine runde Kuchenform geben und mit Himbeermarmelade bestreichen.

Vanilleschote mit einem Messer längs aufschneiden und das Mark herauskratzen. Sahne, das restliche Erythrol, Eier und Vanillemark miteinander vermixen und auf den Teig geben.

Die Himbeeren auf den Kuchen schichten und das Ganze bei 160°C für ca. 50-60 min. backen. Nach dem Erkalten die Low Carb Himbeer Tarte in 12 gleichgroße Stücke schneiden.

Nährwerte pro 100g:

Kcal: 207 / KH 4,3 g / Fett 19,4 g / EW 14,5 g

Bisquit-Zitronenrolle

Zutaten

4 Eier M
1/2 Packung Backpulver
3 EL Gluten (oder Eiweisspulver)
1/2 Fl. Backaroma Butter-Vanille
Süsstoff
Etwa 25 ml Sojamilch naturell

Zitronencreme:
300 ml Sahne
200 g Philadelphia
Süsstoff
Zitronensaft

Zubereitung

Eier trennen, Eiweiß steif schlagen. Eigelbe mit den Zutaten verrühren und Eischnee unterheben. Auf Backpapier auf dem Blech verteilen und bei 180° 8-10 min backen.
Wenn es nach dem Auskühlen am Backpapier klebt, auf ein Geschirrtuch stürzen und anfeuchten, dann lässt sich das Papier abziehen.
Sahne steif schlagen, mit Frischkäse verführen, nach Gusto süssen und Zitronensaft dazu, auf dem Bisquit verstreichen, einrollen und fertig.

Nährwerte pro 100g:

Kcal: 158 / KH 4,2 g / Fett 12,4 g / EW 16,5 g

Muffins Grundrezept

Zutaten

250 g gemahlene Mandeln
4 Eier
1 TL Backpulver
1 Prise Salz
8 EL Öl
Flüssiger Süßstoff

Zubereitung

Mandeln, Backpulver und Salz in einer Schüssel
vermengen.
Eier und Öl hinzugeben und gut vermischen.
Vorsichtig mit Süßstoff abschmecken.
In leicht gefettete Muffinformen geben.
In einem vorgeheizten Backofen bei 175 Grad
etwa 20 Minuten backen.

Nährwerte pro 100g:

Kcal: 229 / KH 4,9 g / Fett 17,4 g / EW 11,2 g

Kokos-Muffins mit Schokostückchen

Zutaten

120 g weiche Butter
100 g Kokosnussmehl
100 ml Kokosnussmilch
130 g Xucker light oder Süssstoff nach
Geschmack
6 Eier
1 Fläschchen Butter Vanille Aroma
2-3 Prisen Salz
1 TL Backpulver
2 Stücke Schokolade 90% (20 g)

Zubereitung

Butter, Eier, Aroma, Salz und Kokosnussmilch gut miteinander verrühren. Kokosmehl, Backpulver und Xucker oder Süssstoff in einem extra Behälter vermengen und zu dem anderen dazugeben.
Das Ganze sehr gut verrühren. Letztendlich die Schokolade sehr fein hacken und nur noch manuell reinmischen.

Bei 170°C Umluft ca. 20 Minuten lang backen.

Nährwerte pro 100g:

Kcal: 198 / KH 5,1 g / Fett 17,7 g / EW 15,1 g

Zitronen-Muffins

Zutaten

1 reife Avocado
1 Zitrone
110 g Butter
90 g Xucker
2 Eier
1/2 Päckchen Backpulver
100 g Mandelmehl
25 g Mandeln, blanchiert, gemahlen
25 ml Milch

Zubereitung

Die Avocado schälen und das Fruchtfleisch mit
etwa 2 TL Zitronensaft fein mixen. Die Butter
und den Xucker schaumig rühren Die Eier einzeln
dazugeben und gut aufschlagen Das Mandelmehl,
die Mandeln, das Backpulver und die Milch
dazugeben. Die Avocado dazugeben und noch mal
mixen. 2 TL Zitronenabrieb in den Teig gegeben.
Im vorgeheizten Ofen backen. Nach ca. 20
Minuten sind sie fertig.

Nährwerte pro 100g:

Kcal: 208 / KH 5,4 g / Fett 19,2 g / EW 13,6 g

Schoko-Muffins

Zutaten

100 g Zartbitter Schokolade
100 g Butter
2 Eier
40 g gemahlene Mandeln
2 TL Backpulver
Süssstoff nach Geschmack

Zubereitung

Butter & Schokolade schmelzen, Eier schaumig schlagen & die restlichen Zutaten, sowie das Butter-Schoko-Gemisch mit dem Ei verrühren. Topping sind gehackte Haselnüsse. 25 Minuten im vorgeheizten Backofen bei 180 Grad backen.

Nährwerte pro 100g:

Kcal: 176 / KH 3,8 g / Fett 11,4 g / EW 21,5 g

Lebkuchen

Zutaten

3 Eier
40 g Frischkäse
100 g geriebene Mandeln
50 g gehackte Mandeln
Süssstoff nach Geschmack
50 g EW Pulver Vanille
25 g EW Pulver Schoko
1 TL Zimt
Lebkuchengewürz je nach Belieben

Zubereitung

Alles mit Rührgerät vermengen und dann Kleckse aufs Backpapier. Leicht andrücken und verteilen. Damit meine ich in die gewünschte Form bringen. 180° Umluft ca. 20 min.

Nährwerte pro 100g:

Kcal: 236 / KH 6,1 g / Fett 20,4 g / EW 12,9 g

Gewürzrauten

Zutaten

200 g Butter
200 g Süssstoff
3 Eier
250 g gemahlene Haselnüsse
250 g gemahlene Mandeln
1/4 Tl gemahlener Kardamon
1/4 Tl gemahlene Nelken
1/4 Tl gemahlener Ingwer
1/4 Tl abgeriebene Schale einer unbehandelten
Zitrone

Zubereitung

Aus allen Zutaten einen Rührteig machen, auf
einem mit Backpapier ausgelegten Backblech
verstreichen und bei
160° C ca. 15 - 20 min. backen.
Etwas auskühlen lassen und in Rauten schneiden.

Nährwerte pro 100g:

Kcal: 267 / KH 5,3 g / Fett 17,4 g / EW 11,1 g

Nusskekse

Zutaten

2 EL Mandeln
2 EL Cashewkerne
2 entsteinte Datteln
1 Eigelb
75 g gemahlene Mandeln
30 g Butter
Süssstoff

Zubereitung

Butter in einem Topf bei geringer Hitze schmelzen lassen.
Mandeln, Cashewkerne und Datteln mit einem Messer klein hacken.
Jetzt alle Zutaten miteinander vermischen, so dass ein Teig entsteht. Nun 12 kleine Kugeln aus dem Teig herstellen und auf einem mit Backpapier ausgelegten Blech zu Taler formen/drücken. Anschließend die Kekse im vorgeheizten Ofen bei 180°C Umluft ca. 10 Minuten backen lassen. Dann das Blech aus dem Ofen nehmen und die fertigen Low Carb Kekse abkühlen lassen.

Nährwerte pro 100g:

Kcal: 211 / KH 5,7 g / Fett 14,8 g / EW 12,5 g

Vanillekekse

Zutaten

100 g Eiweißpulver neutral
50 g Butter oder Margarine
2 Eier
2 EL Vanille Aroma
3 EL Süßstoff
1 Prise Natron
1 Schuß Sahne

Zubereitung

Alles in eine Schüssel geben und verrühren, bis es ein fester Teig wird. Dann auf einem Backblech Backpapier auslegen, kleine Fetzten vom Teig nehmen und diese zu einem Kügelchen drehen, aufs Backblech legen und etwas platt drücken. Dann 15-20 Minuten im Ofen bei 200 Grad backen.
Ergibt etwa 20-30 runde Kekse.

Nährwerte pro 100g:

Kcal: 168 / KH 3,9 g / Fett 11,4 g / EW 23,6 g

Mandelkekse

Zutaten

500 g Magerquark
3 Eier
2 EL Flüssigsüßstoff
2 Päckchen Vanillezucker
12 EL Öl
9 EL Milch
1 Zitrone (essbare Zitronenschale)
600 g Mandelmehl
1 1/2 Tüten Backpulver
etwas flüssige Margarine

Zubereitung

Quark, Eier, Flüssigsüßstoff, Vanillezucker, Öl
und Milch in eine Schüssel geben und zu einer
glatten Creme verrühren.
Die Zitrone abwaschen, abtrocknen und mit einer
feinen Reibe die Zitronenschale abreiben. Den
Zitronenschalenabrieb ebenfalls dem Teig
hinzufügen.

Mehl und Backpulver vermischen und anschließend
unter den Teig arbeiten. Der Teig hat nun eine
zähe, hefeteigähnliche Konsistenz und muss 30
Minuten zugedeckt ruhen. Anschließend den Teig
kurz mit der Hand durchkneten.
Backofen auf 180°C vorheizen. Etwas Margarine
in einem Topf erhitzen bis sie flüssig ist. Den
Teig ausrollen, mit Ausstechformen Hasen,
Kücken oder ähnliches ausstechen und die
Figuren auf ein mit Backpapier ausgelegtes
Backblech legen. Die ausgestochenen Figuren mit
der flüssigen Margarine bestreichen, damit sie
beim Backen weich bleiben.

Die Low Carb Kekse nun 10 - 15 Minuten bei 180°C Umluft backen bis sie leicht goldbraun sind.

Nährwerte pro 100g:

Kcal: 256 / KH 5,7 g / Fett 19,4 g / EW 12,5 g

Schoko-Mandel-Makronen

Zutaten

2 Eiweiß
100 g Sukrin (oder anderen Süssstoff)
125 g gemahlene Mandeln
1 EL gehackte Mandeln
2 EL Kakaopulver

Zubereitung

Eiweiß sehr steif schlagen, Zucker unterrühren
Mandeln mit Kakao verrühren und in drei
Portionen gleichmäßig unter den Eischnee rühren
Mit einem Teelöffel ca. 25 Häufchen auf ein
Backblech mit Backpapier geben.
Bei 120°C Umluft 25 min backen

Nährwerte pro 100g:

Kcal: 158 / KH 5,7 g / Fett 21,4 g / EW 12,8 g

Dampfnudeln

Zutaten

60 g Eiklar
80 g Magerquark
20 g EWP Kokos
10 g Kokosflocken
½ TL Backpulver

Zubereitung

Alles in einer Schüssel mischen und 3 Min. bei 800 Watt in die Mikro.

Nährwerte pro 100g:

Kcal: 197 / KH 3,2 g / Fett 18,9 g / EW 13,1 g

Quark-Auflauf

Zutaten

2 Eier
170 g Quark (20 %)
40 g Xucker
1/3 Päckchen Vanille-Pudding-Pulver
70 ml Sahne oder Mandelmilch
1 Apfel gerieben
etwas Zimt

Zubereitung

Alles mit dem Handrührer vermischen, in eine Auflaufform geben und den Apfel oder das Obst draufgeben Bei 175 Grad backen, bis es oben golden ist.

Nährwerte pro 100g:

Kcal: 158 / KH 5,9 g / Fett 11,8 g / EW 19,5 g

Dünner Pizza-Teig

Zutaten

125 g gemahlene Mandeln
60 g Flohsamenschalen
2 TL Backpulver
35 g geriebener Käse
Salz
Italienische Kräuter
2 Eier
200 ml kochendes Wasser

Zubereitung

Trockene Zutaten gut vermischen, die Eier
unterrühren. Wasser dazugeben und
weiterrühren bis der Teig dick und zäh wird.
Sehr dünn ausrollen. Dann eine Runde vorbacken.
Belegen und nochmal in den Ofen. Wenn alles
schön braun ist, herausnehmen und verzehren.

Nährwerte pro 100g:

Kcal: 178 / KH 3,7 g / Fett 22,6 g / EW 11,5 g

Herstellung und Verlag:
BoD - Books on Demand, Norderstedt
ISBN 978-3-7357-2238-6